Cómo pintar al óleo

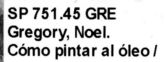

A mi encantadora esposa
Ángela, por su valiosa ayuda
en estos últimos años.

Cómo pintar al
Óleo

NOEL GREGORY

Editor: Jesús Domingo
Coordinación editorial: Paloma González
Asesor técnico: Luis de la Cuadra

Publicado por primera vez por Search Press Limited (UK)

Título original: *Painting with Oils*
© 2000 de las fotografías y del diseño *by* Search Press Limited
© 2000 del texto *by* Noel Gregory

Copyright de esta edición:
© 2005 *by* Editorial El Drac, S.L.
Marqués de Urquijo. 34. 28008 Madrid
Tel: 91 559 98 32. Fax: 91 541 02 35
E-mail: info@editorialeldrac.com
www.editorialeldrac.com

Los editores agradecen a Winsor & Newton por el material
facilitado por éstos para la utilización en este libro.

ISBN: 84-96365-46-8
Depósito legal: BI-178-2005
Impreso en mccgraphics ELKAR
Impreso en España – *Printed in Spain*

Nota del editor

En todas las fotografías de las instrucciones paso a paso
aparece el autor, Noel Gregory, mostrando las diferentes
formas de pintar con óleo. No se han empleado modelos.

A pesar de que el autor y los editores han puesto todos los
medios a su alcance para garantizar que la información y
recomendaciones que contiene este libro sean las
correctas, declinan cualquier responsabilidad derivada
de su uso.

---

*Quisiera dar las gracias al personal de High Wycombe
College of Art, donde comencé mi carrera artística en la
década de 1960. Gracias a su constancia y empeño, hoy
puedo vivir disfrutando de mi profesión.*

*Me siento en deuda con el enorme talento de los artistas
victorianos y eduardianos, cuya obra me hizo comprender lo mucho que hay por aprender, y
especialmente con Claude Monet, cuyos cuadros siguen
manteniendo toda su modernidad después de cien años.*

*También quiero expresar mi sincera gratitud a Melissa
Mee, quien me animó a volver a pintar después de un
período dedicado a la exposición y venta de cuadros.*

Noel Gregory

Página 1
Girasoles, Provenza, Francia
810 x 1.220 mm
*El impacto visual ante una extensión de campos de girasoles
en flor es sobrecogedor.*

Página 2
Amapolas en Windsor
1.220 x 915 mm
*Esta explosión de color brotó espontáneamente después de arar
la tierra. Pinté algunos apuntes de referencia sobre el terreno y
luego completé la pintura en el estudio.*

Índice

Introducción   6

Materiales   8
Pinturas • Paletas • Medios • Pinceles
Soportes • Caballetes

Mezcla de colores   11

Iniciación al tono   12
Manzanas (paso a paso)

Paleta limitada   14
Champiñones (paso a paso)

Pintar en exteriores   18

Paisajes   20
Camino campestre (paso a paso)

Cielos   26
Amenaza de tormenta (paso a paso)
Cielos con temperamento

Árboles   30
Cedro (paso a paso)

Agua   32
Río de aguas tranquilas (paso a paso)

Pintar a partir de fotografías   36
Paseo con flores (paso a paso)

Flores   38
Anémonas (paso a paso)

Animales   42
Gatito (paso a paso)
Pollitos (paso a paso)

Índice alfabético   48

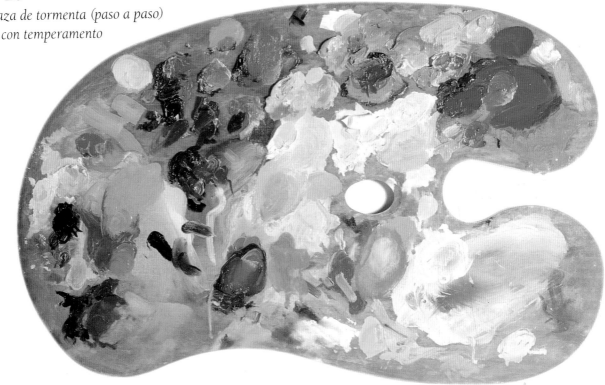

Introducción

Personalmente, considero que el óleo es la técnica de pintura más versátil. La pintura puede construirse a medida que se trabaja el cuadro, moviendo los colores en el lienzo para redefinir las formas, los tonos y las texturas. Además, no hay que preocuparse por la destreza en el dibujo ya que los errores se pueden arreglar pintando encima. Habrá días en los que nos apetezca pintar imágenes de texturas pronunciada y colores espesos; otros, en los que tenderemos a crear efectos suaves utilizando colores en capas más finas. También podemos trabajar a fondo los detalles o pintar rápidos apuntes sobre el terreno. En todas sus formas, el óleo es un medio espléndido para el artista.

Hay mucha gente que piensa que la acuarela es el medio ideal para empezar a pintar; posiblemente se deba a las primeras experiencias escolares con esta técnica pictórica. Sin embargo, cualquiera que empiece a pintar pronto descubrirá que el óleo resulta más fácil.

El lienzo en blanco puede resultar intimidatorio para un principiante. En una ocasión, un amigo mío estaba en una exposición demostrando su gran talento para dibujar pájaros de memoria y rodeado por observadores curiosos. Entre ellos, una pareja seguía en silencio las evoluciones de sus dibujos. En un momento dado, la mujer sonrió a su acompañante; "eso lo puedo hacer yo". El artista había empleado casi toda su vida en dominar estas técnicas y estaba a punto de hacer un comentario cuando la mujer continuó diciendo: "pero no sabría muy bien dónde dibujar cada línea". Ésta es una respuesta típica de quien tiene deseos de pintar pero carece de la confianza necesaria para hacerlo. Pero, para pintar con óleo, es más fácil comenzar con un lienzo en blanco. Sólo hay que ocuparse de los contornos básicos antes de empezar a crear la primera obra artística.

Este libro pretende enseñar los principios básicos de la pintura al óleo. Las explicaciones con ejemplos paso a paso están pensadas para desarrollar las habilidades y crear confianza en el aficionado a la pintura. Los cuadros acabados intentan servir de inspiración para que el lector pinte sus propias obras. A medida que aumente su confianza, también desarrollará un estilo propio y en poco tiempo podrá decir; "ahora ya sé dónde poner cada línea".

Página siguiente
Río perezoso
405 x 510 mm

En los lugares más inesperados pueden surgir temas interesantes. Las escenas cotidianas ofre3cen grandes oportunidades sin necesidad de viajar en busca de inspiración. Este tranquilo paisaje se encuentra cerca de una zona industrial y pegado a una carretera muy transitada. Incluso si en la escena apareciera un feo edificio, podría haberlo reemplazado por, digamos, un elegante árbol de las proximidades. En una composición siempre es posible omitir elementos que no nos gusten.

Me encanta pintar paisajes como éste, un día de excursión, apuntes sobre el terreno con un lienzo pequeño y un picnic campestre. Es una forma maravillosa de ganarse la vida; me siento muy afortunado.

Materiales

A pesar de ser un artista profesional, también a mí me supone un problema tener que elegir entre la enorme variedad de pinceles y el número infinito de colores y soportes para pintar disponibles en las tiendas. Pero no hay que desesperarse ante la magnitud de la oferta. Para empezar bastan dos o tres pinceles y unos pocos colores; la colección de materiales podrá incrementarse a medida que se gane confianza y experiencia.

Pinturas

Los óleos son pigmentos de color mezclados con un aglutinante (normalmente, aceite de linaza, de adormideras o de alazor) y pueden adquirirse en diversas calidades.
Las pinturas de calidad de artista son las mejores, pero también las más caras, aunque contienen mayor cantidad y calidad de pigmentos. También son buenos los colores para estudiantes, muy adecuados para quien empieza a pintar.

Comprar de primeras demasiados colores puede llevar a cierta confusión; es preferible empezar con unos pocos y aumentar el número posteriormente. También existe la posibilidad de comprar una de las magníficas cajas de pintura que ofrecen las tiendas especializadas.

Calculo que durante mi vida profesional habré probado todos los colores, pero la experiencia me aconseja reducir mi paleta a los dieciocho colores listados aquí.

Blancos

Existen muchos tipos de blancos, cada uno con sus propiedades específicas. Los tres más empleados son: blanco plomo, blanco titanio y blanco zinc.

Blanco plomo. Es el blanco de plata empleado por los antiguos artistas. Es un color que seca rápido, cualidad que lo convierte en adecuado para las imprimaciones. Sin embargo, contiene una sustancia venenosa y debe manejarse con especial cuidado.

Blanco titanio. Está considerado como el sustituto moderno del blanco plomo y, actualmente, es el tipo de blanco probablemente más utilizado. Es también el más blanco y opaco. Su fuerza, no obstante, anula a los colores transparentes.

Blanco zinc. Este color es menos opaco que el anterior y resulta excelente para imprimaciones y tinturas. Tiene el inconveniente de que seca bastante despacio.

Pinturas que utilizo

Azul cerúleo
Azul cobalto
Azul ultramar
Azul verdoso
Violeta cobalto
Malva
Rojo cadmio
Carmín
Amarillo cromo
Amarillo indio
Amarillo cadmio
Ocre amarillo
Verde veronés
Verde esmeralda
Siena tostado
Pardo Van Dyck
Negro marfil
Blanco titanio

Paletas

Cualquier objeto que ofrezca una superficie plana para las mezclas puede servir de paleta: un trozo de cristal o de plástico, una hoja de papel resistente a la grasa, o incluso un envoltorio de plástico para alimentos, estirado sobre un tablero. La paleta no debe ser muy grande o pesada, ya que suele sostenerse en la mano durante largos períodos de tiempo.

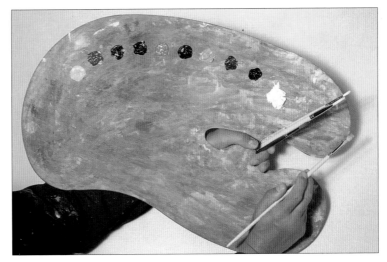

Me gusta tener los colore cerca del lienzo y las paletas de madera son las que me resultan más cómodas. En esta ilustración he puesto en la paleta los colores de una caja de pinturas (de izquierda a derecha): amarillo cadmio, carmín, azul ultramar, azul verdoso, verde Veronés, verde esmeralda, ocre amarillo, siena tostado, negro marfil y blanco titanio. Siempre dispongo los colores en la misma posición a lo largo del borde de la paleta, de forma que sé exactamente dónde se encuentra cada uno.

Me encanta mi paleta; se convierte en una parte del cuadro, reflejando el carácter de la pintura a medida que voy añadiendo y mezclando los colores.

Medios

Existen muchos medios y aditivos cuya utilización requiere una experiencia previa. Los principales son el aceite de linaza y la esencia de trementina (aguarrás). El primero se utiliza para hacer más fluida la pintura. La esencia de trementina también se emplea para licuar y mezclar los colores, y para limpiar al acabar la sesión de pintura. Yo suelo emplear aceite de linaza para mezclar la pintura porque alarga el tiempo de secado de ésta. Existen pequeños recipientes para estos medios que pueden acoplarse a la paleta.

Pinceles

Hay pinceles de pelo natural, de fibras sintéticas o de una combinación de ambos. Generalmente se considera que los pinceles de pelo de marta son mejores para acuarela, los de pelo de cerdo para óleo y los de fibra sintética para acrílico.

Yo uso pinceles planos de pelo de cerdo, de tamaño medio y pequeño, para pintar en general; para los detalles, prefiero pinceles pequeños y redondos de pelo de marta. Cada artista debe probar distintas clases de pinceles y adoptar aquéllos con los que trabaje mejor. Al principio conviene descubrir las propiedades de cada tipo, sin prisas, en lugar de lanzarse el primer día a comprar todos los disponibles.

Soportes

Los soportes más comunes por calidad y precio son las tablas ya preparadas. También existe papel con imprimación, en láminas sueltas o en bloc, que puede montar uno mismo.

Personalmente, prefiero pintar sobre el lienzo tradicional, que tiene dos grandes ventajas sobre el resto de soportes: puede montarse sobre un bastidor en cualquier tamaño sin resultar demasiado pesado; y "cede" levemente al aplicar una pincelada, lo que no ocurre con otras superficies más rígidas. Yo utilizo lienzos de lino de grano fino, pero los lienzos de algodón de calidad también son perfectamente adecuados.

Por su falta de textura, muchos artistas emplean tableros de MDF de superficie lisa para lograr un efecto de foto realismo, pero, aún así, necesitan prepararse con una imprimación y lijado hasta obtener un acabado sedoso y poder conseguir los efectos deseados.

Caballetes

No se puede pintar con el lienzo apoyado en las piernas; debe estar derecho y para ello hace falta un caballete. Existen muchos tipos de caballetes. Algunos están provistos de una caja para las pinturas y los pinceles, y un espacio en la tapa para las pinturas acabadas. También se puede pintar con un sencillo caballete de madera para apuntes y con patas ajustables; suelen ser ligeros de transportar, fáciles de desplegar y pueden sujetar lienzos sorprendentemente grandes. Hay otros tipos de caballetes, grandes y de sobremesa, que pueden valer la pena.

Mezcla de colores

Al experimentar con las mezclas de colores se llega a comprender la naturaleza de los mismos y su forma de reaccionar entre sí.
Es perfectamente posible pintar cuadros con sólo tres colores primarios (rojo, amarillo y azul) y un blanco. La rueda de los colores del final de esta página muestra la gran cantidad de colores que pueden crearse a partir del carmín, el amarillo cadmio, el azul ultramar y el blanco titanio.

Nota: Píntese una rueda de colores utilizando otros tipos de rojo, azul y amarillo para comprobar las diferencias de colores y tonos que pueden obtenerse.

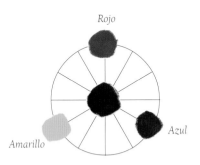

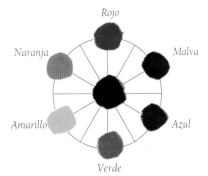

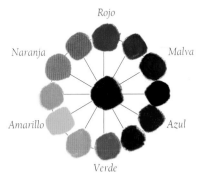

1. Pintar círculos de rojo, amarillo y azul en los puntos indicados. A continuación, mezclar proporciones iguales de cada color para crear un gris natural y pintarlo en el centro.

2. Mezclar un color malva a partir de partes iguales de rojo y azul; naranja, a partir de rojo y amarillo; y verde, a partir de azul y amarillo. Pintar estos colores secundarios entre sus respectivos primarios.

3. Mezclar partes iguales de cada color primario con su secundario respectivo y pintar estos colores intermedios en los huecos correspondientes.

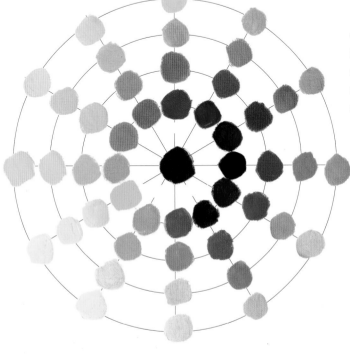

4. Por último, añadir paulatinamente toques de blanco a cada uno de los doce colores para crear tonos más claros, e incluirlos a continuación de cada color.

Iniciación al tono

La pintura es una cuestión de ganar confianza, y esto puede lograrse de muchas formas diferentes. Una de ellas es el estudio de los tonos, o los grados de claridad y oscuridad del color. La observación de la obra de Rembrandt enseña la importancia de los tonos. A menudo se dice, y coincido en ello plenamente, que una vez dominada esta técnica ya no queda mucho más que aprender. Me atrevería a ir más lejos: se puede pintar sin ser un maestro del dibujo o del color, pero sin comprender la estructura tonal de la pintura sólo se crearán imágenes pobres y sin fuerza.

Una manera fácil de apreciar los tonos consiste en mirar con los ojos entreabiertos. Al limitar la visión se eliminan los detalles y se destacan la luminosidad y las sombras oscuras.

Un sencillo bodegón es perfecto para practicar las técnicas de la estructura de los tonos. La luz debe incidir en un lado para crear un contraste marcado de claros y oscuros.

Manzanas

Un bodegón como esta sencilla composición es ideal para experimentar con el valor de los tonos. Las manzanas ofrecen unas formas interesantes con las que se pueden crear luces y sombras jugando con la dirección de la luz. Sus formas se construyen con tonos intermedios.

Este ejemplo está pintado sobre un lienzo de 225 x 205 mm, y con blanco titanio y negro marfil (mezclados con un toque de siena tostado). El color siena suaviza el negro que, utilizado en solitario resulta excesivamente duro.

1. Diluir negro marfil con aceite de linaza y añadir un toque de siena tostado. Emplear un pincel pequeño y redondo de pelo de marta para perfilar vagamente las dos manzanas y sus sombras.

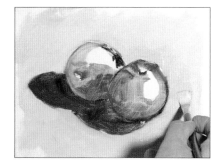

2. Utilizar mezclas con distintos tonos de negro, y un pincel plano de pelo de cerdo y tamaño medio, para extender el color en las partes más amplias de tonos intermedios y en las sombras oscuras. Pintar el fondo con blanco titanio y toques de la mezcla de negro.

3. Añadir las zonas luminosas y empezar a construir la "clave tonal" de las manzanas. Emplear un pincel plano pequeño para ir aplicando la pintura, con pinceladas curvas y rectas siguiendo el contorno de las manzanas.

4. Mezclar el color y suavizar los bordes de las manzanas con un pincel plano mediano y seco. Dejando secar la pintura un poco (por ejemplo, hasta el día siguiente) los colores se mezclarán más fácilmente en el lienzo.

La pintura terminada
Se han añadido detalles finos y las capas de pintura se han reforzado. Las luces más brillantes están hechas con toques finales de blanco titanio sin mezclar ni diluir.

13

Paleta limitada

Añadiendo a la paleta unos pocos colores (de la misma parte del espectro) se continúa ganando confianza en la pintura. Al pintar con una paleta limitada de colores resulta más fácil concentrarse en la creación de buenas imágenes tridimensionales sin necesidad de preocuparse por buscar y mezclar demasiados colores. Obviamente, es más sencillo elegir un tema que necesite una gama reducida de colores, como en el ejemplo de estas páginas.

Champiñones

Los champiñones contienen tonos marrones del extremo cálido del espectro, y por eso añadí dos colores primarios (rojo cadmio y amarillo cromo) y pardo Van Dyck, al negro, blanco y siena tostado usados en el ejemplo de las páginas 12-13. Esta pintura está hecha sobre un lienzo de 255 x 205 mm.

Considérense las formas de los champiñones como simples bloques de color. Se empieza con los bloques más grandes y, progresivamente, se pintan los bloques más pequeños, dejando los detalles para el último momento. Los detalles deben considerarse como diminutos toques de color asentados en la superficie de los más grandes. En este caso no es necesario pintar todas las láminas de cada champiñón; es suficiente con crear formas que describan aproximadamente la masa de las figuras.

En esta sencilla composición se obtiene una buena calidad en los tonos introduciendo una iluminación indirecta lateral.

1. Mezclar aceite de linaza y siena tostado y esbozar con rapidez los perfiles de los champiñones con un pincel pequeño y redondo de pelo de marta y trazos firmes para plasmar las formas.

2. Pintar el fondo con un pincel plano de pelo de cerdo, de tamaño mediano, una mezcla de amarillo, rojo y blanco. Mezclar el marrón con un toque de blanco y negro para las zonas más oscuras. Conviene mirar constantemente el modelo con los ojos entreabiertos para descubrir dónde están las zonas oscuras; después, mirar las partes claras y añadirlas de la forma más sencilla posible.

3. Con un pincel plano pequeño crear los tonos, pintando las partes oscuras y construyendo la forma y los detalles de los champiñones.

La pintura terminada

Se han introducido más detalles con un pincel de pelo de marta de tamaño pequeño. Lo último que se añaden son las sombras más oscuras y los brillos más luminosos.

Manzanas caídas

510 x 405 mm

Se han elegido manzanas y champiñones como modelos de las páginas anteriores por sus formas sencillas; también pueden servir para pintar bellos cuadros llenos de color. Esta pintura y la de la página siguiente muestran cómo pueden crearse interesantes composiciones a partir de modelos sencillos; en este caso, dos bodegones pintados en el estudio con una acentuada iluminación lateral.

Cesta con champiñones
510 x 460 mm

Este cuadro está pintado de forma muy parecida al ejemplo anterior de los champiñones, aunque aquí he utilizado todos los colores de mi paleta (véase pág. 8).

Pintar en exteriores

La pintura de bodegones en el estudio es un buen entretenimiento, pero para muchos artistas el gran reto consiste en pintar al aire libre. El problema más importante es conseguir la perspectiva adecuada. ¿Cómo crear una imagen tridimensional en un plano de dos dimensiones?

Que el tema de la perspectiva es tan complejo como el mismo arte; el concepto ha sufrido cambios y evoluciones a lo largo de la historia pero, en pocas palabras, puede decirse que es una fórmula para dar con los tamaños y proporciones apropiados. Objetos de tamaño similar parecen más pequeños cuanto más alejados se hallan en la distancia, y las líneas paralelas parecen converger en un punto remoto del horizonte.

Un método sencillo para lograr la escala correcta y los ángulos de una escena consiste en tomar medidas a la vista de los elementos más importante utilizando el mango del pincel y el pulgar de la mano para escalar los objetos que se pretenden medir. Para ello se sujeta el pincel alargando el brazo, se cierra un ojo, y se alínea la punta del mango del pincel con un extremo del objeto, y a continuación se desliza el pulgar a lo largo del mango del pincel hasta hacerlo coincidir con el otro extremo del objeto medido. Luego, se traslada esta medida al lienzo. Con el mismo método se pueden medir los ángulos de los diferentes elementos de la escena observada.

Esta escena es un modelo ideal para practicar el método de medida con el pincel y el pulgar y crear un boceto inicial.

Para medir a la vista con el pincel hay que situarse cerca del caballete para poder trasladar las medidas al lienzo sin necesidad de moverse del sitio. El brazo debe extenderse a la altura de la vista y siempre se utilizará el mismo ojo para observar el objeto que se pretende escalar.

1. Es recomendable empezar midiendo formas sencillas como una ventana. Para ello hay que mantener el pincel paralelo al lado inferior de la ventana, haciendo coincidir la punta del mango con el lado izquierdo del marco. Luego, sin mover el brazo, se desliza el pulgar por el mango del pincel hasta alinearlo con el lado derecho de la ventana.

2. Sin mover los pies de su sitio, girar la vista al lienzo y trasladar la medida al mismo. Es posible que los elementos medidos nos parezcan más pequeños de lo que imaginábamos.

3. A continuación, sostener el pincel paralelo a un lado de la ventana. Alinear la punta del mango con el lado superior del marco y usar el pulgar para escalar la altura de la ventana.

4. Girar la vista hacia el caballete y trasladar la medida al lienzo. Continuar midiendo los contornos de la casa trasladando las escalas al boceto.

5. Usar la misma técnica para medir los ángulos; por ejemplo, el ángulo del muro bajo del jardín. Sostener el pincel igualándolo con la línea del suelo, e inclinarlo hasta que coincida con la parte superior del muro.

6. De nuevo, volver la vista al caballete y trasladar la medida al lienzo. Continuar captando de la misma forma las medidas de los elementos principales del boceto.

El boceto acabado

Una vez realizado el boceto de los elementos principales, apenas se tarda unos minutos en enlazarlos. En esta fase de la pintura no es necesario trabajar muchos detalles. De hecho, si el dibujo del boceto es muy satisfactorio, quizá debería dejarse sin pintar para no estropearlo.

Aún recuerdo la primera vez que medí objetos con el pincel y el pulgar. Entonces era estudiante de segundo curso de arte y el tema era un camino, una cerca y algunas casas. Con esta técnica percibí las dimensiones de los elementos del fondo en relación con los que aparecían en primer plano. También me ayudó a comprender cómo los bordes del camino parecían converger en la lejanía. De repente, toda la composición se hizo tridimiensional con una sensación real de distancia. Esto era algo que me había costado dominar con anterioridad; aquel día fue uno de los más emocionantes de mi carrera artística. Todavía guardo en casa aquella pintura.

Paisajes

Es muy normal que los principiantes elijan un paisaje para empezar a pintar. Ya sea en el campo o en la ciudad, siempre estamos rodeados de temas y estaciones cambiantes que podemos pintar. Casi todos los paisajes presentan importantes dificultades a la hora de llevarlos al lienzo, así que es preferible empezar con un tema sencillo. Para comenzar a trabajar la perspectiva, el color y el tono no hay nada más adecuado que un paisaje con un árbol y un camino.

Camino campestre

A primera vista, los paisajes pueden parecer complicados de pintar, pero midiendo con el pincel y el pulgar para dibujar el boceto inicial (véanse págs. 18-19) todo el problema se reduce a una disposición combinada de los diferentes elementos. Sólo hay que rellenar de color dichos elementos y añadir luego los detalles.

Este paisaje está pintado en un lienzo de 610 x 460 mm. En él utilicé pinceles planos de pelo de cerdo, de tamaño pequeño y medio, un pincel redondo pequeño de pelo de marta y los diez colores de la caja que se recogen en la página 9.

Siempre conviene tomar fotografías en caso de tener que acabar la pintura en el estudio.

1. Hacer una mezcla fina de pardo Van Dyck y aceite de linaza y perfilar en el lienzo los elementos básicos del paisaje, con un pincel redondo pequeño de pelo de marta. Las líneas más importantes son las que crean la perspectiva del camino y del seto de arbustos. Medir con el pincel la escala de los ángulos y trasladarla al lienzo; marcar la línea del horizonte. Medir luego la escala de los árboles intermedios y añadir progresivamente las formas de los campos lejanos. No deben introducirse demasiados detalles en este boceto inicial; la pintura se encargará de los "verdaderos" detalles a medida que progrese la composición del paisaje.

2. Utilizar la misma mezcla diluida de marrón y un pincel plano mediano para restregar con rapidez las partes más oscuras de la composición.

3. Colorear las partes en primer plano con una mezcla de verde veronés y blanco titanio. Añadir toques de azul cerúleo a la mezcla de verde y pintar las zonas a media distancia. Luego, y dado que los colores del suelo son aquí especialmente cálidos, añadir a la mezcla un toque de rojo cadmio para pintar las colinas lejanas.

4. Continuar añadiendo color al paisaje y al cielo, introduciendo gradualmente formas más pequeñas hasta que todo el lienzo quede cubierto de pintura.

5. Comenzar a construir los tonos y seguir pintando detalles en la media distancia y primeros planos, definiendo formas con la introducción de luces y la acentuación de las sombras.

6. Utilizar un pincel plano mediano, limpio y seco, para remover la pintura y suavizar cada parte del lienzo. Trabajar por toda la composición, secando el pincel regularmente para retener la frescura de los colores en el lienzo.

7. Continuar el cuadro moviendo la pintura por el lienzo y creando texturas interesantes con los trazos del pincel. No hay que preocuparse en cuanto a qué pincel utilizar; experimentando con distintos tipos encontraremos el más adecuado. Tampoco es necesario mezclar cada color en la paleta; los colores pueden cambiarse y mezclarse en el lienzo mientras se pinta. Por ejemplo, si una zona de verde queda demasiado azul, es suficiente con añadir un poco de amarillo encima y expandir la pintura hasta lograr el color deseado.

8. Añadir detalles finos en partes específicas para ir completando la composición. Para pintar líneas como los alambres de este cercado resulta muy útil el pincel redondo pequeño de pelo de marta. También sirve para las pinceladas más finas de la vegetación y los puntos de luz más brillantes.

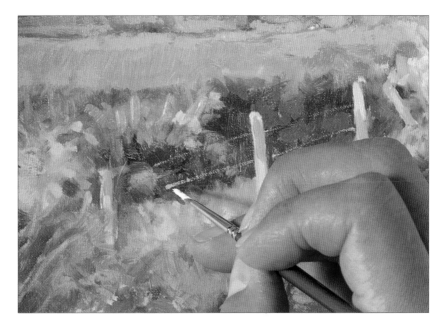

La pintura terminada

Bosque de campanillas

1.015 x 760 mm

Las dos pinturas de estas páginas son ejemplos de paisajes interesantes. Están pintados sobre el terreno y tardé aproximadamente una semana en acabar cada una. En ambos casos comencé a pintar igual que el ejemplo de paisaje de las páginas 20-23. La composición de esta página tiene un marcado sentido de la perspectiva gracias al sencillo camino que conduce la mirada hacia la lejanía. Para completar los detalles en primer plano me llevé muestras de la vegetación al estudio.

Amapolas

760 x 610 mm

El impacto de esta pintura tiene mucho que ver con la luz del sol. Las nubes tormentosas producen un efecto más sobrecogedor que un simple cielo despejado. El sendero que lleva hasta los árboles conduce al observador al cuadro a través de los campos llenos de color. La composición ofrece una acertada sensación de espacio y perspectiva, reforzada por las amapolas rojas y por las montañas sombrías y misteriosas en la lejanía.

Cielos

Los cielos aportan carácter y temperamento a la composición; disfruto con su pintura. Pueden introducir dramatismo o servir como fondo liso para una escena más sofisticada. Cuando veo un cielo cubierto por cúmulo nimbos, suelo acordarme de los cuadros de Constable; de hecho, poca gente se resiste a comentar el espectáculo de un cielo con una majestuosa puesta de sol. Los ejemplos de las páginas 28 y 29 evidencian la importancia del cielo en el carácter de una pintura.

Nota: *Los cielos cambian de apariencia en cuestión de minutos; por ello es importante tomar todas las fotografías de referencia que sea posible. Las revistas y los libros también son excelentes fuentes de referencia, como lo son las reproducciones de las obras de los grandes maestros. Es conveniente coleccionar en una carpeta modelos de paisajes y reproducciones de cuadros para tener una imagen de referencia adecuada y transformar paisajes que de por sí carecerían de fuerza.*

Amenaza de tormenta

Con técnicas sencillas puede reproducirse un cielo en un día soleado que la lluvia ha interrumpido súbitamente. Este cielo está pintado en un lienzo de 255 x 205 mm, con pinceles planos de pelo de cerdo, pequeños y medianos, y uno redondo pequeño de pelo de marta, utilizando azul cobalto, azul ultramar, amarillo cromo, carmín, pardo Van Dyck, negro marfil y blanco titanio.

1. Extender en el lienzo una mezcla de azul ultramar y azul cobalto diluida con aceite de linaza, utilizando un pincel plano mediano. Según se progresa hacia la parte inferior del lienzo, añadir toques de blanco titanio a la mezcla. Luego, cargar el pincel con blanco titanio y empezar a pintar las nubes.

2. Pintar las nubes oscuras con diferentes mezclas de pardo Van Dyck, azul ultramar y toques de negro marfil. Mezclar los colores y utilizar combinaciones de carmín y amarillo cromo para crear los brillos en la parte de arriba de las nubes.

3. A continuación, mezclar carmín y azul ultramar para empezar a pintar las partes más oscuras de las nubes. Continuar aplicando capas de pintura, mezclando y fundiendo los colores en el lienzo.

4. Suavizar los trazos pintados con un pincel limpio y seco. Extender y fundir despacio los colores hasta que la pintura quede lisa y con menos textura.

La pintura terminada
Como toques finales se han introducido zonas luminosas de blanco titanio con un pincel de pelo de marta.

Cielos con temperamento

Los cielos de las pinturas de estas dos páginas son un buen ejemplo de su influencia en el carácter y la fuerza de la composición final. Cada uno de estos cuadros es diferente; sin embargo, en todos ellos el cielo es el elemento predominante. Obsérvese cómo los colores del cielo influyen en los empleados para pintar el resto del paisaje.

Estos cuadros fueron pintados sobre el terreno, a excepción de las amapolas de *Cielo de verano*, en la página siguiente, producto de un bodegón hecho en el estudio.

Costa tormentosa
255 x 205 mm

Montañas y nubes
255 x 205 mm

Puesta de sol con nubes
255 x 205 mm

Cielo y colinas lejanas
255 x 205 mm

Cielo de verano
610 x 405 mm

En ocasiones, los cielos de un solo color y tonos uniformes
encajan mejor en una composición final. En esta pintura,
el paisaje ya ofrece el suficiente interés y la monotonía
del cielo complementa las distintas texturas y la variedad
de detalles del resto del cuadro.

Árboles

Por diversos motivos, muchos principiantes tienen dificultades para pintar árboles. La causa podría ser que intentan captar todo lo que "ven". Pero simplificando el tronco, las hojas y las ramas resulta mucho más fácil. La forma de un árbol no cambia, sea cual sea la estación del año. En invierno es una masa de ramas y en verano una masa de hojas. Los niños dibujan árboles con formas circulares de líneas rectas, y colorean en verde la parte superior y en marrón el tronco. Son reproducciones válidas; lo único que hay que hacer es trabajar más la pintura para definir las formas sin necesidad de pintar todas las ramas.

> **Nota:** *Los árboles son un grupo de pequeñas formas sencillas que se combinan para formar un conjunto. No hay que pintar demasiados detalles; no es necesario que aparezcan todas las hojas y ramas para conseguir realismo.*

Cedro

Las técnicas descritas en estas páginas pueden usarse para pintar cualquier árbol. Pintado en un lienzo de 205 x 255 mm, este ejemplo pretende enseñar a crear las formas, dejando los colores a la elección de cada uno.

1. Dibujar el contorno del árbol utilizando un pincel pequeño redondo de pelo de marta y una mezcla diluida de cualquier color negro.

2. Rellenar el color de todas las partes con capas finas de pintura, pintando las zonas oscuras del tronco y de las sombras en la base del árbol.

3. Observar el árbol con los ojos entreabiertos para apreciar la imagen como formas de tonos claros y oscuros, y pintar con distintas mezclas de verde la profundidad del follaje, las sombras y las luces.

4. Eliminar y corregir las formas en el follaje creando "ventanas de cielo", esto es, pintando encima de cualquier parte del follaje que no haya quedado bien y necesite pulirse. Seguir introduciendo zonas oscuras y claras.

La pintura terminada

Con un pincel pequeño de pelo de marta se han añadido los últimos detalles. No hay que excederse pintando la escena para conseguir una composición con frescura y vida propia.

Sauce
205 x 255 mm

No hay mucha diferencia entre pintar este sauce y el cedro del ejemplo anterior. Hay que olvidarse de los detalles y concentrarse en la forma del árbol recortada contra el fondo. Los detalles se introducirán después de pintar los tonos de las partes principales. Por último, se añaden algunas hojas con un pincel pequeño de pelo de marta.

Agua

El aspecto del agua puede ofrecer a la pintura diferentes temperamentos. Las aguas tranquilas de un estanque o de una laguna son perfectas para reproducir los reflejos en el espejo de su superficie, mientras que los rápidos de los arroyos de montañas y el oleaje del mar pueden resultar salvajes y cargados de dramatismo. Los reflejos son importantes al pintar aguas tranquilas, tomando los colores del cielo y de los alrededores. Todo lo que aparezca por encima del nivel del agua tienen que verse reflejado. A veces, cuando hay olas o movimientos rápidos del agua, conviene tomar fotografías como referencias fijas para pintar los efectos buscados.

> **Nota:** *Los reflejos suelen presentar tonos algo más claros que los objetos reflejados debido al efecto de la luz sobre el agua. Para lograr más realismo se añade un pequeño toque de blanco a los colores empleados para pintar las imágenes reflejadas.*

Río de aguas tranquilas

Esta escena ofrece reflejos muy interesantes. Desde una perspectiva simplificada, la mitad superior es un paisaje con árboles y la mitad de abajo es el mismo paisaje reflejado al revés. Está pintado en un lienzo de 610 x 460 mm, y he utilizado mi paleta de colores (véase pág. 8) y pinceles planos de pelo corto de cerdo medianos y pequeños y un pincel redondo pequeño de pelo de marta.

1. Utilizar una mezcla de siena tostado, azul ultramar y un toque de blanco para definir las zonas oscuras. Pintar primero las formas de la mitad superior y luego añadir sus reflejos. Éstos se pintarán con tonos ligeramente más claros de color que los empleados para los objetos reflejados.

2. Pintar el cielo con una mezcla de azul ultramar y blanco titanio; pintar después los reflejos. Añadir colores más cálidos en la parte superior derecha del cielo y repetir los colores en los reflejos del agua.

3. Continuar introduciendo color hasta cubrir todo el lienzo. Después de pintar cada árbol es aconsejable seguir a continuación con su reflejo. De esta forma puede lograrse un efecto de realismo en el agua.

4. Continuar aplicando color en las partes definidas, modelando la forma de los árboles, de la vegetación y de las imágenes reflejadas, y reforzando y reajustando el tono de cada zona.

5. Suavizar algunas zonas con un pincel limpio y seco, fundiendo los colores y moviéndolos alrededor mientras permanecen húmedos, sin añadir más color. Pintar cada parte y después su reflejo, antes de continuar con el resto de la composición.

6. Pintar los reflejos del primer plano del paisaje añadiendo más claros y oscuros. Estos reflejos más detallados pueden velarse mezclando la pintura con un pincel limpio y seco para crear el efecto del tenue movimiento del agua.

La pintura terminada

Cenarth Falls
1.015 x 760 mm

Este cuadro lo pinte en Cenarth Falls, cerca de mi casa del suroeste de Gales. Tardé casi una semana en acabarlo y la parte más compleja fue la corriente de agua. Después de varios intentos de captar las cambiantes formas y colores, decidí hacer unas fotografías y acabar la pintura en mi estudio. La idea resultó muy acertada ya que, tras una semana de lluvia incesante, el lugar donde estuve pintando se había inundado con un metro de agua.

Pintar grandes lienzos en estas condiciones tiene ciertos inconvenientes: el pintor y el cuadro están a merced de los "elementos" durante largos periodos. En el pasado he sufrido numerosas "pausas" por la lluvia y he rescatado del agua más de un lienzo. No obstante, a diferencia de la acuarela o del acrílico, las pinturas al óleo son algo más resistentes al agua y muchas veces se puede seguir pintando a pesar del mal tiempo.

Lago con cisnes
1.015 x 760 mm

El agua es uno de mis temas
favoritos y en esta ocasión he
querido plasmar la belleza
de la superficie de este lago.
El agua toma los colores de sus
alrededores, y, dada la altura de
la línea del horizonte, no es el
cielo, sino su reflejo, el elemento
principal de la composición. Es
bueno atreverse a pintar cielos
reflejados en aguas tranquilas
como éste, ya que aporta un
especial sentido de profundidad.
No es tan difícil como parece
al principio; sólo hay que pintar
un cielo al revés.

El puente de Floxglove
1.015 x 760 mm

*La estructura de este paisaje es más compleja que las otras pinturas de estas páginas, y tardé casi dos
semanas en pintarlo. El estanque es un hermoso ejemplo de paisaje artificial georgiano. En realidad, el
puente se encuentra a cientos de kilómetros del estanque; utilicé un antiguo boceto en acuarela (pintado
muchos años antes) para completar el cuadro. Pensé que la composición se enriquecía añadiendo
el puente al paisaje. Las flores rojas están pintadas en el estudio a partir de muestras recogidas.*

Pintar a partir de fotografías

Cien años atrás los artistas no tenían otra opción que grabar las imágenes mediante bocetos en sus cuadernos de apuntes. Hoy en día, no hay que preocuparse por la lluvia ni esperar a que el sol llegue al punto conveniente; tomando unas fotografías en el momento adecuado podremos recrear la escena de vuelta a casa. No debemos tener reparo en hacer fotografías. Conozco muy pocos artistas profesionales que no hayan trabajado nunca con fotografías. Rara vez salgo de casa sin una cámara de fotos a mano. Siempre que veamos una escena interesante podemos hacer fotos para guardarlas y utilizarlas como referencias futuras.

Paseo con flores

Esta pintura está hecha a partir de fotografías. El paisaje real estaba lleno de partes interesantes, pero la anchura de la carretera las situaba demasiado alejadas entre sí. Lo que hice fue recortar las mejores partes de cada foto y las pegué a mi manera para lograr una composición más atractiva. El resultado fue convertir la carretera original en un pequeño camino serpenteante.

1. Las fotografías se recortan para seleccionar las imágenes y los detalles más interesantes.

2. Las partes recortadas se juntan, solapándolas cuando sea necesario, hasta lograr una composición a gusto del artista.

3. A continuación se pegan con cola en una hoja de papel. Si se quiere, la imagen puede fotocopiarse en color a mayor tamaño.

4. A veces dibujo una cuadrícula sobre la fotografía o la fotocopia, y otra cuadrícula similar pero más grande sobre el lienzo para transferir cada parte de la escena.

La pintura terminada
1.015 x 760 mm

La carretera original ha sido transformada en un camino serpenteante simplemente moviendo a la derecha el rododendro y la valla de madera. Cuando se manipulan así los paisajes es importante tener cuidado con la uniformidad de las escalas, los tonos y las sombras. También hay que prestar atención a los cambios de estación. Por ejemplo, aquí es preciso saber que el rododendro y la dedalera florecen en la misma época del año.

Jardín de rododendros
915 x 760 mm

Este óleo está enteramente pintado a partir de referencias indirectas. El fondo, con la luz del sol asomando por el arco, está tomado de una postal; las plantas del lado derecho pertenecen a unas fotografías. Recorté las partes elegidas y las junté para crear una composición más atractiva.

También quería incluir un gran rododendro florido en primer plano y para ello corté unos cuantos tallos de muestra y los pinté en el estudio. Introduje un punto de luz para imitar la luz del sol sobre las flores. Es importante pintar teniendo en cuenta la dirección de la luz para que se corresponda con la iluminación de las imágenes del fondo.

Flores

No hay más que observar un bodegón pintado por uno de los maestros holandeses del s. XVII para comprender la influencia que han tenido las flores en los grandes artistas. A lo largo de la historia, sus hermosas formas y colores han inspirado a los pintores, de la misma manera que ocurre hoy en día.
Cada uno debe elegir las flores que más le fascinen. Al principio, y para no complicarse demasiado, convendría limitar la variedad de formas y colores.

Anémonas

Son éstas unas flores muy apropiadas para empezar debido a sus colores intensos y sus formas sencillas. Para este ejemplo pinté las flores en un jarrón liso y con una fuerte iluminación que destacara el contraste de luces y sombras.

Utilicé pinceles planos de pelo de cerdo, de tamaño pequeño y mediano, un pincel redondo pequeño de pelo de marta, colores seleccionados de mi paleta (véase pág. 8) y un lienzo 305 x 255 mm. Los colores los apliqué directamente sobre el lienzo, aunque también podría empezarse de la forma usual definiendo los contornos. No hay que dedicar demasiado tiempo a cada flor para llegar a la conclusión de que están mal situadas. Observando la forma global de la composición, las partes individuales parecerán en el lugar correcto.

1. Aplicar los colores por todo el lienzo con formas sencillas para crear el esbozo básico de las flores.

2. A continuación, construir zonas de tonos para empezar a crear un efecto tridimiensional. Volver a pintar las partes que necesiten redefinirse. Seguir añadiendo partes oscuras y claras.

3. Continuar introduciendo más colores. Trabajar progresivamente zonas más pequeñas para definir sombras más oscuras y luces más brillantes.

4. Pintar los detalles finos con un pincel redondo pequeño de pelo de marta. Añadir luces brillantes y reforzar las partes más oscuras.

La pintura terminada

Anémonas en una silla del jardín
510 x 405 mm

Esta pintura tiene una fuerte iluminación desde un lado. Es un truco que empleo con frecuencia para conseguir el efecto de la luz del sol.

El jardín, la casa y el estudio de Monet
610 x 710 mm

Si tuviera que escoger mi flor favorita para pintar, ésa sería el lirio. También era una de las flores preferidas de Monet, de modo que no estoy solo en mi elección.

El cuadro lo pinté en mi estudio a partir de una fotografía. Me tomé la libertad de añadir más lirios en primer plano para hacer la escena más atractiva y aumentar la sensación de profundidad cuando la vista se pierde en las colinas lejanas.

Jardín con lirios
1.015 x 1.270 mm

Este lienzo de gran tamaño es en realidad una fase de un estudio sobre flores. Está pintado a partir de fotografías de plantas de un catálogo de semillas, la puerta fotografiada en una revista de jardinería, un banco hecho de memoria y una composición de un bodegón pintado en el estudio.

No hay nada de malo en reunir todos estos "ingredientes" en una composición. La pintura saldrá bien siempre que se mantenga la unidad en la estructura del color.

Girasoles
510 x 760 mm

Estos girasoles fueron pintados de forma similar al ejemplo de las anémonas de la página 38. Están dentro de un gran macetero e iluminados por una fuente de luz procedente de una dirección.

Animales

Haría falta todo un libro para tratar la pintura de animales, pero por razones de espacio veremos únicamente algunos de mis favoritos. Como los animales no suelen permanecer quietos el tiempo necesario para pintarlos, utilizo siempre fotografías como referencia.

La pintura de animales tiene una larguísima tradición; no hay más que visitar las pinturas rupestres de Tassili, en el sur de Francia, para comprobar la fascinación que la reproducción pictórica de animales ha ejercido sobre los artistas desde la misma prehistoria. En época más reciente, orgullosos granjeros y terratenientes encargan modernos retratos abstractos de cerdos, vacas o caballos de concurso.

Los artistas victorianos sir Edwin Landseer y Sidney Cooper descubrieron que los animales aportaban escala y punto focal a sus composiciones. También sabían que la información retratada debía ser visualmente correcta, ya que en otro caso el observador de la obra notaría constantemente cualquier error.

Hoy en día se presta mucha atención a la conservación de la vida salvaje. Nunca antes hubo tanta divulgación sobre los animales y sus ecosistemas. Los artistas actuales también reflejan este creciente interés. Hay artistas foto realistas con una habilidad excepcional para pintar imágenes de la vida salvaje, abriendo el camino al desarrollo de este fascinante tema pictórico.

Gatito

Los gatitos y sus crías son un buen tema de pintura. A la hora de pintar un animal es preciso olvidarse de los detalles y concentrarse en sus formas básicas. Así, la zona entre las patas de un animal es tan importante como las mismas patas. También hay que prestar atención al ángulo de los ojos en relación con los de las orejas y la nariz. Para empezar el boceto inicial, las formas han de limitarse a una serie de trazos rectos que se trasladarán más tarde al lienzo.

Este óleo está pintado en un lienzo de 105 x 255 mm, utilizando pinceles planos de pelo de cerdo, de tamaño mediano y pequeño, un pincel redondo pequeño de pelo de marta y colores seleccionados de mi paleta (véase pág. 8).

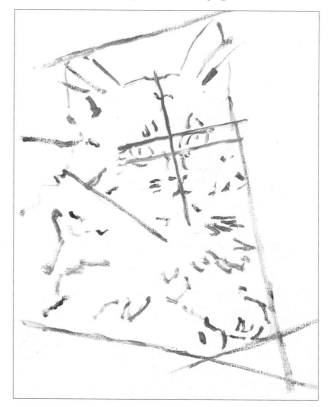

1. Con un pincel redondo de pelo de marta, de tamaño pequeño, se dibujan líneas rectas definiendo los ángulos básicos de los rasgos más importantes. Después se esbozan los contornos de forma aproximada.

2. Colorear todo el lienzo utilizando aceite de linaza para diluir la pintura.

3. Construir los colores con pintura más espesa. Añadir más formas al pelo y empezar a trabajar los valores tonales.

4. Suavizar el pelo del gato moviendo la pintura por alrededor con un pincel seco. Esta operación resulta más fácil dejando secar ligeramente la pintura.

5. Comenzar a introducir los detalles. Pintar cuidadosamente los rasgos, los pelos más largos y las sombras más oscuras. Por último, dibujar los bigotes con el mango afilado de un pincel pequeño y rápidos trazos hacia abajo.

La pintura terminada

Patitos

Me encanta pintar patos y patitos; son animales muy divertidos. Aunque tienen formas obviamente distintas, estos dos patitos pueden pintarse igual que el gatito de la página 42. Primero se divide la escena en dos formas sencillas, luego se aplica el color y, por último, se introducen gradualmente los detalles. La textura del plumón de los patos es muy parecida al pelo de los gatos; por eso también aquí dejaremos secar un poco la pintura antes de suavizar el color con un pincel seco.

Este óleo está pintado sobre un lienzo de 205 x 255 mm, y he utilizado pinceles planos de pelo de cerdo, de tamaño pequeño y mediano, un pincel redondo pequeño de pelo de marta y colores seleccionados de mi paleta (véase pág. 8).

1. Se esbozan las líneas de los ángulos principales y luego se perfilan los contornos.

2. Aplicar los colores principales cubriendo todo el lienzo.

3. Redefinir la estructura tonal de la composición añadiendo más pintura y empezar a crear los tonos oscuros y claros. Ésta es una fase importante de la pintura en la que se comienza a convertir las formas básicas de los animales y las flores en objetos tridimensionales.

4. Suavizar los bordes y mezclar los colores entre sí sobre el mismo lienzo con un pincel limpio y seco. Es importante limpiar de vez en cuando el pincel con un trapo seco para mantener la frescura de la pintura y evitar que los colores se vuelvan emborronados y turbios.

La pintura terminada

Se han añadido algunos detalles en los picos y los ojos con un pincel pequeño redondo de pelo de marta. Una forma elegante de firmar el cuadro consiste en escribir la firma con el mango afilado de un pincel pequeño sobre la pintura fresca.

Pecera con peces de colores
510 x 405 mm

Este retrato de mis tres gatos, Marilyn, Amberlyn y su madre Velosa, está pintado a partir de tres fotos tomadas en distintas ocasiones. En las fotografías aparecen cinco gatitos diferentes, pero sólo tres figuran en la pintura final.

Mamá vaca
510 x 305 mm

Pintar vacas es una actividad muy gratificante, pero pocas veces permanecen quietas el tiempo suficiente; o bien se acercan trotando y acaban babeando encima del lienzo, o se quedan lejos, al fondo del prado. Teóricamente, tres vacas en fila ofrecen escaso interés. Sin embargo, el mérito de esta pintura de una vaca y sus dos terneros estriba en su sencilla composición y el contraste tonal de luces y sombras.

Mamá pato y rosas silvestres
405 x 510 mm

Esta pintura es un desarrollo del ejemplo de las páginas 44 y 45. La combinación de formas y tonos sencillos consigue una composición contundente. Los animales están pintados de varias fotografías tomadas a los pocos días de nacer los patitos. Las flores fueron pintadas a partir de un bodegón dispuesto en el estudio.

Índice alfabético

aceite de linaza 8, 9, 12, 14, 20, 26, 43

agua 6, 32-33, 34, 35

animales 42-47
  cisnes 35
  gatos 42-43, 46, 48
  patos 44, 47
  vacas 47

árboles 20, 30, 31, 32, 33

bocetos y apuntes 4, 12, 18-19, 20, 38, 42

caballetes 10, 18

champiñones 14-15, 17

cielos 25, 26-29, 32, 35

colores mezcla de 11

composición 6, 12, 14, 16, 19, 21, 28, 35, 36, 37, 38, 41, 44, 46, 47

esbozar 14, 38, 42, 44

exteriores pintura en 18-19

flores 35, 37, 38-39
  amapolas 4, 25, 28
  anémonas 38-39, 40
  campanillas 24
  dedaleras 35, 37
  girasoles 4, 41
  lirios 40, 41
  rododendros 37
  rosas 47

formas 12, 14, 15, 16, 18, 22, 30, 33, 42, 43, 44, 47, 48

fotografías 20, 26, 32, 34, 36-37, 40, 41, 42, 46, 47

lienzos 10, 12, 14, 18-19, 20, 21, 22, 26, 27, 30, 32, 38, 42, 44

luces 12, 13, 15, 22, 23, 26, 27, 31, 39

manzanas 12-13, 16

medir con el pincel 18-19, 20

nubes 25, 26-27, 28

paisajes 20-25, 26, 28, 29, 35

paleta limitada 14-15

paletas 9

perspectiva 18, 20, 24, 25

pincel seco 13, 22, 27, 33, 43, 44, 45

pinceles 9

pinturas 8, 9
  diluir véase, aceite de linaza

reflejos 32-33, 35

sombras 12, 22, 30, 31, 39, 43

soportes 10

tono 12-13, 15, 20, 31, 32, 33, 37, 38, 43, 44, 47

vegetación y follaje 23, 24, 31, 33

Gatito
255 x 305 mm

Esta atractiva pintura está hecha con ángulos y formas sencillas, de manera similar al ejemplo de la página 42.